La guerra cristera: historia y legado del gran levantamiento religioso en México

Por Charles River Editors

Una foto de manifestantes

Introducción

U na foto de cristeros colgando

La guerra cristera de México es el último gran movimiento armado de un país que durante cien años vivió revolución tras revolución, en un aparente ciclo sin fin. Ignorada durante décadas, por mucho tiempo se le consideró un corolario indeseado de la Revolución Mexicana, una especie de anomalía que no armonizaba con la narrativa oficial.

La Revolución Mexicana de 1910 a 1920 produjo una admirable reforma social y agraria, pero creó un estado autoritario. Sin contrapesos, la victoriosa clase revolucionaria cayó en excesos totalitarios e intentó poner a las instituciones religiosas bajo un control de tipo dictatorial; posiblemente incluso suprimir la religión. Para lograrlo, el controvertido presidente Plutarco Elías Calles endureció la política anticlerical y ordenó cerrar monasterios y escuelas religiosas, deportó arzobispos, ordenó la muerte de sacerdotes, el arresto de monjas, y declaró que la siguiente fase de la Revolución sería la revolución de las mentes.

Esta persecución produjo uno de los episodios menos conocidos de la historia moderna de México, un acontecimiento que por muchos años el estado trató de ocultar bajo la alfombra: la guerra, también conocida como la Cristiada, por varios años barrió el centro del país. Comenzó en 1927 y terminó oficialmente dos años después, aunque hirvió bajo la superficie durante casi una década más. Fue una rebelión de los más pobres que estuvieron dispuestos a tomar las armas por defender su libertad espiritual ante un gobierno que había declarado, en términos prácticos, ilegal a la religión. A diferencia de los ejércitos revolucionarios de Villa o Carranza, estos ejércitos de pobres nunca tuvieron financiamiento de las potencias mundiales.

La tentación de suprimir la religión fue una constante de los gobiernos revolucionarios triunfantes a lo largo del siglo XX. En Rusia los bolcheviques, en China las huestes de Mao, por mencionar dos ejemplos, creyeron que era un factor de atraso social que impedía la luz del progreso económico y social. En México, los generales triunfantes también se fueron radicalizando ideológicamente, y para la década de los 1920, con el cierre de algunos templos, la confiscación de los bienes de las iglesias y la violencia contra el clero, la religión católica sufrió un ataque cuyo objetivo era arrodillarla, y si era posible, aniquilarla. Esto lo dijeron, en público y en privado, muchos de los hombres en el poder durante la década de los 1920.

Cuando la Iglesia misma decidió suspender el culto como protesta, la rebelión de los campesinos, para quienes los sacramentos, las peregrinaciones, las fiestas parroquiales y el consuelo de sus guías espirituales eran parte no negociable de sus vidas, no se hizo esperar. Los guerrilleros tomaron un nombre: cristeros. Como si se tratara de una batalla escatológica, decían pelear y estar dispuestos a morir en nombre de Cristo Rey. Entre los cristeros había todo tipo de personas: campesinos, sacerdotes, niños y mujeres que servían de espías y llegaron a formar brigadas. Lo único que tenían en común era ser de extracción popular. La cúpula de la iglesia católica en México se deslindó de la lucha armada, lo que significó que los cristeros estaban por su cuenta. Pero el clero inferior, los sacerdotes humildes que conocían la pobreza y las necesidades del pueblo, siguieron celebrando misas y bautizando en secreto, arriesgando la vida. En ocasiones, incluso tomaron las armas.

No fue sino la presión internacional, especialmente de Estados Unidos, la que hizo que el gobierno de México, se sentara a negociar con los líderes católicos para poner fin a la persecución. Ignorada durante décadas, muchos historiadores no prestaron atención a la Cristiada y la menospreciaron calificándola de movimiento de fanáticos, una calificación injusta. Hoy, es cada vez más considerada como una genuina rebelión popular que merece ser estudiada con seriedad. La iglesia católica también ha reconocido la justicia de esa lucha: la guerra cristera es el episodio que ha producido la mayor cantidad de santos mexicanos nombrados por el Vaticano.

En el siglo XXI, la creciente secularización ha ido relegando la Cristiada a los libros de historia, pero en el México profundo, la gente recuerda y, en muchos lados, las heridas siguen abiertas. Junto con ilustraciones y fotografías de personas, lugares y momentos importantes, el lector aprenderá sobre la Guerra Cristera como nunca antes.

CAPÍTULO I

"Los hombres estaban divididos en la cuestión de si México debía rechazar su pasado o construir sobre él. Y ninguna institución legada por España estaba más firmemente arraigada en la vida de la nueva nación que la Iglesia Católica, que en seguida se vio inextricablemente involucrada en casi todas las contiendas que dividieron a los mexicanos en facciones hostiles." - David Bailey, *The Cristero Rebellion*

La guerra cristera de México (1926-1929) no fue un amplio movimiento nacional como la Revolución Mexicana. Tampoco la definieron grandes enfrentamientos entre ejércitos enemigos, como en una guerra civil. Fue más una reacción popular, en su mayor parte campesinos pobres que peleaban de manera desorganizada y sin preparación contra un ejército organizado, bien entrenado. Sus triunfos fueron más ideológicos que militares.

Tampoco fue una revolución de grandes caudillos. No hubo entre los cristeros un líder con el carisma de Pancho Villa o Emiliano Zapata, con la posible excepción del general Enrique Gorostieta. No fue por tanto una guerra de personalidades y caudillos, como la Revolución Mexicana, y eso la hace que sea más notable su persistencia. La Cristiada, el nombre con el que se le recuerda a este movimiento por la defensa de la libertad religiosa, fue ante todo la continuación de una conflictiva relación histórica entre la Iglesia y el estado que dividió a México durante toda su historia.

Los orígenes de esta problemática convivencia entre el poder civil y el religioso hay que encontrarlos en la Nueva España, el largo periodo de tres siglos en el que el actual territorio de México existió como una colonia del imperio español. Aunque México era oficialmente un virreinato, la Iglesia siempre fue poderosa, y en la práctica organizaba la vida social y civil de los mexicanos, incluyendo la educación, la salud, incluso la construcción de caminos, puentes e iglesias donde se enseñaba la doctrina cristiana. La Iglesia también tenía escuelas de oficios para los indios y los mestizos e introdujo técnicas de cultivo que permitieron el desarrollo de una agricultura a gran escala. Al destruir el modo de vida de los indios, la Iglesia en cierto sentido se hizo cargo de la cultura y transformó la mentalidad de la nación. Su importancia fue extraordinaria durante los tres siglos de la Colonia, de 1521 a 1821.

La Iglesia católica no hizo un mal papel en México. Durante muchos años, fue la institución social más progresista y avanzada, benefactora en un país constantemente en problemas. Durante la Colonia, intercedía en favor de los indios, intentó poner freno a los abusos de los españoles y sus descendientes blancos, y promovió la cultura y las artes en un país que de otra forma sólo hubiera sido botín de los conquistadores. La Iglesia estaba presente en todos los campos de la sociedad: estaba a cargo de la educación, de hospitales, asilos, de enseñar oficios, y bajo la poderosa influencia de la Virgen de Guadalupe, de organizar el calendario y las fiestas populares, y con ello la vida cívica de ciudades, pueblos y ranchos. Muchos miembros de la Iglesia en México fueron progresistas. De sus filas salieron los principales rebeldes que en 1810 se unieron para tratar de independizar la Nueva España de la metrópolis y crear la nación soberana llamada México. Tanto Miguel Hidalgo como José María Morelos eran sacerdotes católicos que tomaron las armas en contra de España.

   Cuando México finalmente firmó su acta de independencia en 1821, quedaba pendiente el papel que iba a tener la poderosa Iglesia en el nuevo país. En un principio pareció no existir duda de que seguiría siendo la articuladora de la vida y la sociedad. Aunque los padres de la independencia se apresuraron a eliminar los últimos rastros de la Inquisición, no pudieron ni quisieron limitar la enorme influencia de la Iglesia sobre los mexicanos, que prácticamente en su totalidad eran católicos.

   Durante la mayor parte de su vida como país independiente, México tuvo poca variedad religiosa y la religión católica prevalecía sin competencia. Influyó que los primeros gobernantes y líderes de México declararon que la religión católica sería la única permitida en el país, y que cualquier emigrante debería jurar fidelidad a la Iglesia de Roma. A los colonos texanos que empezaron a llegar del norte se les exigía convertirse al catolicismo como condición para recibir permiso de poblar esas tierras. A diferencia de Estados Unidos y Europa, ésta fue la única religión existente en México, y el poder del clero significaba que con una palabra podía mover a las masas desde el púlpito, financiar rebeliones e incluso amenazar al estado.

Al empezar su vida independiente, de inmediato surgieron dos corrientes en México: aquéllos que veían con buenos ojos un estado centralista apoyado en el ejército y la Iglesia como institución fuerte y reguladora de la vida nacional, y un ala que favorecía la independencia de los estados unidos en una república, el liberalismo económico, la libertad de expresión, y la separación de la religión de los asuntos públicos. Los llamados liberales lucharon por poner un límite al poder de la Iglesia —y de paso por hacerse de sus cuantiosas propiedades, en muchos casos ociosas, para poder financiarse. Durante buena parte del siglo XIX, las guerras de reforma entre liberales y conservadores fracturaron a la sociedad mexicana. El clero siempre estuvo del lado de los conservadores.

Las leyes de Reforma de mediados del siglo XIX separaron efectivamente la Iglesia y el Estado pusieron en el mercado las vastas propiedades de la Iglesia con el pretexto de que eran bienes inactivos: edificios, tierras, bienes raíces y objetos de valor. Otro sector de la sociedad reaccionó con furia y siguieron varios años de conflicto. Los conservadores llegaron al extremo de invitar a un príncipe extranjero —el archiduque austriaco Maximiliano de Habsburgo— para que asumiera el trono mexicano y, con ayuda de ejércitos extranjeros, pacificara el país y devolviera los bienes a la Iglesia. El archiduque Maximiliano, sin embargo, también era liberal y se negó a poner reversa a las Leyes de Reforma. Y aunque los liberales peleaban por nobles ideales, su pasión hizo que en ocasiones pasaran por alto el hecho de que prácticamente 100% de los mexicanos eran católicos fervientes, cuya vida iniciaba, se desarrollaba y terminaba al amparo de sus creencias espirituales.

Al final, los liberales triunfaron y pacificaron el país. Especialmente próspero y estable fue el largo periodo de más de treinta años conocido como porfiriato, en el que el general liberal Porfirio Díaz reinó como dictador supremo. Durante su largo periodo presidencial, las leyes anticlericales permanecieron, pero Díaz las dejó en el papel y prefirió forjar una tácita alianza con la Iglesia para tener contentos a todos. Sin embargo, el porfiriato, que se anotó indudables logros en sus primeros años, terminó siendo la paz de los sepulcros. Para principios del siglo XX había creado una enorme desigualdad económica y social que desembocó en una nueva revolución, esta vez definitiva, conocida como la gran Revolución Mexicana de 1910.

En un principio, los revolucionarios como Pancho Villa y Emiliano Zapata se unieron en torno a una causa común, derrocar al dictador Porfirio Díaz, que estaba por cumplir 80 años y al parecer se había olvidado de su antiguo nacionalismo: había permitido que el capital extranjero se adueñara del país y que en muchas regiones predominaran condiciones de trabajo prácticamente iguales a la esclavitud. En poco tiempo, la revolución triunfante empezó a adquirir un fuerte cariz ideológico socialista: repartición de la tierra entre los campesinos, fuerza a la clase trabajadora, límites al capital extranjero y mejoras para los obreros, y como corolario, se tiñó de un fuerte anticlericalismo. Los revolucionarios temían que la Iglesia, históricamente conservadora, se interpondría en el camino del progreso. Los ideólogos triunfadores se imaginaron, quizá no sin razón, que la Iglesia sería obstáculo para la Revolución. Para finales de la década de 1910, la retórica de los nuevos caudillos se caracterizaba cada vez más por su anticlericalismo. El discurso político incluso estaba empezando a adquirir tintes de *odio* hacia la religión.

La nueva Constitución de 1917 buscó con más ahínco la desaparición del poder religioso en la construcción de una nueva sociedad, mantuvo el espíritu de las Leyes de Reforma y resultó incluso más radical que la anterior carta magna. El centro de este cambio radical fue la afirmación de que la ley no reconocía personalidad alguna a las agrupaciones religiosas. Acompañando este principio, se establecieron una serie de medidas coercitivas destinadas a limitar el poder del clero, pero también el de su participación en la política. Con la llegada al poder del presidente Plutarco Elías Calles, un ateo militante que detestaba a la Iglesia, las cosas iban a ponerse muy complicadas no sólo para sacerdotes y monjas, sino incluso también para los católicos practicantes, es decir, para 99% de los mexicanos.

CAPÍTULO II

"Ya se los dije, tienen dos caminos para elegir: sométanse a la ley, y si eso no va de acuerdo con sus principios, entonces láncense a la lucha armada y traten de derrocar al actual gobierno". - Presidente Calles a los arzobispos mexicanos durante una reunión en 1926

Durante la Revolución Mexicana era un espectáculo común ver a generales y líderes humillando sacerdotes, y apoderándose y saqueando iglesias, que a veces adaptaban como oficinas públicas o sedes de congresos estatales, o simplemente las derribaban. La desaparición jurídica de las iglesias en la constitución significó que no tendrían capacidad de defenderse legalmente. Los legisladores quitaron al clero el derecho a votar, se prohibió el establecimiento de órdenes monásticas, y se quitó a la Iglesia el derecho a tener propiedades, al establecerse que "las asociaciones religiosas denominadas iglesias no podrán en ningún caso tener capacidad para adquirir, poseer o administrar bienes raíces". En los debates, los legisladores discutieron temas tan absurdos como si debían prohibir la confesión auricular, dado que según ellos ésta era la manera en que la Iglesia podría penetrar los hogares. También se debatió si debía obligarse a los sacerdotes a casarse y crear una iglesia nacional independiente del Vaticano.

El éxodo de sacerdotes a otros países había sido una constante desde la Revolución Mexicana. Cuando en 1920 los católicos intentaron construir un monumento a Cristo Rey en Guanajuato, en la cima de un cerro, aproximadamente en el centro geográfico de la república, la obra fue detenida por órdenes del gobierno, que vio el acto como un desafío. En 1928 la colosal estatua fue dinamitada, al parecer por órdenes del gobierno, y aunque fue reemplazada por una incluso mayor, el monumento fue tan central en la rebelión cristera como su supuesta localización en el centro de México. De hecho, cuando los cristeros se rebelaron con las armas adoptaron a Cristo Rey como su bandera y el nombre de cristeros como su apelativo de guerra.

Al principio, ningún presidente se ocupó de aplicar con todo su vigor las medidas anticlericales, ocupados como estaban en asuntos más urgentes, como apagar otras rebeliones, hasta que en 1924 llegó a la silla un norteño llamado Plutarco Elías Calles, un general revolucionario, ateo, con abiertas simpatías comunistas, que parecía tenía tener un odio especial a la Iglesia. Pero Calles no era una rareza. Era un producto de su tiempo y encarnaba a la perfección el ánimo de los victoriosos. Entre las disposiciones que Plutarco Elías Calles estaba dispuesto a hacer cumplir, era la privación de personalidad jurídica a la Iglesia, la expropiación de sus bienes, incluyendo los templos, la completa secularización de la educación y el cierre de las órdenes monásticas, el registro forzoso de sacerdotes, y prohibir el culto fuera de los templos.

Calles personalmente nunca se propuso *prohibir* la religión ni cerrar los templos, sino debilitar a la Iglesia católica dependiente de Roma, hasta que desapareciera. En ocasiones tomó la ruta indirecta y aparentemente contradictoria: apoyar la proliferación de otras religiones. Por ejemplo, en 1925 un sacerdote llamado Joaquín Pérez, junto con otros sacerdotes rebeldes, tomó un templo por asalto y fundó la Iglesia Católica Mexicana, que sería independiente del Vaticano. Se trataba de un intento de cisma, pero los católicos vieron correctamente la sombra del presidente Calles detrás del llamado Patriarca Pérez.

En respuesta a este golpe y otros abusos, los católicos crearon la Liga Nacional Defensora de la Libertad Religiosa, formada en su mayor parte por creyentes urbanos, de clase media, jóvenes sobre todo, contra la que el gobierno reaccionó violentamente.

El arzobispo de México, José Mora y del Río, sin duda el que tiempos más difíciles ha tenido que enfrentar entre todos los líderes del catolicismo en México, había estado exiliado en Texas durante la Revolución, pero en 1926 volvió a ser elegido para encabezar un comité de obispos que buscaría encontrar soluciones. Ese año, el gobierno comenzó a expulsar sacerdotes extranjeros, y publicó un reglamento que declaraba sin validez los estudios hechos en escuelas confesionales, haciendo imposible el funcionamiento de las escuelas católicas.

Algunos viejos generales de la Revolución celebraban sus cumpleaños dentro de los templos, haciendo parodias de la liturgia, pero la provocación aumentó cuando se decretó que los sacerdotes debían inscribirse en un padrón y que tendrían que recibir del gobierno permiso para ejercer, y en caso de desobediencia, serían enviados a prisión.

A principios de 1926, un diario de México publicó unas declaraciones del arzobispo Mora y del Río —que habían sido hechas en 1917, cuando se estaba preparando la constitución— en las que declaraba su inconformidad contra de los artículos que afectaban a la Iglesia, y además decía que él y los obispos estaban dispuestos a resistir. El diario, buscando provocar agitación, no mencionó que las declaraciones habían sido hechas en otro contexto. Pareció como si la Iglesia adoptara una actitud combatiente. Calles decidió mostrar su fuerza y que no estaba dispuesto a ceder a chantajes por parte del clero. Al efecto, se llevó a cabo el cierre de escuelas confesionales, se clausuraron conventos y se efectuaron expulsiones de sacerdotes extranjeros del país.

Luego, las fuerzas federales ocuparon violentamente las instalaciones del templo de la Sagrada Familia en la ciudad de México, un acto inusitado, con el pretexto de que no cumplía con las regulaciones. Seis sacerdotes murieron en el zafarrancho. Este hecho marcó un parteaguas. El abogado constitucionalista Manuel Herrera y Lasso protestó en las páginas de un periódico: "Hoy ha sido cerrado el templo de la Sagrada Familia, a cuya sombra vivimos mi familia y yo. El atentado tiene un límite. Cuando de él se pasa, el hombre que se respeta a sí mismo y que sabe que la vida, sin las razones de vivirla, no es estimable, tiene que poner un hasta aquí, aunque no sea sino para salvaguardia de la propia dignidad".

En julio de 1926 el presidente promulgó una nueva ley sobre cultos conocida como la Ley Calles. Las nuevas disposiciones recrudecían las disposiciones anticlericales.

La Ley Calles prohibía la educación religiosa y la existencia de escuelas propiedad de religiosos.

Prohibía a los padres, bajo pena de cárcel, aconsejara a un menor de edad a "perder la libertad" haciendo un voto religioso, prohibía los monasterios, prohibía a las publicaciones religiosas hacer comentarios políticos, declaraba ilegal el culto fuera de los templos, el uso de ropas religiosas en la vía pública, y la apertura de nuevos templos sin permiso de la federación. Además dictaminaba que entraban al dominio de la nación todos los bienes raíces de las asociaciones religiosas, daba facultades al gobierno de determinar cuáles templos podían seguir operando como tales y cuáles podían ser destinados a otros usos, y también daba poder al gobierno para destituir alcaldes que permitieran manifestaciones religiosas fuera de los templos, incluyendo peregrinaciones, fiestas patronales y cualquier cosa que las autoridades consideraran como tal, entre otras medidas.

Al día siguiente de la expedición de la ley, el gobierno envió personal a sellar las puertas de las iglesias y a levantar un inventario de sus posesiones. Existen innumerables fotografías de templos cerrados, y de candelabros, cirios, cálices, ropajes sacerdotales y otros artículos amontonados en oficinas de gobierno, el nuevo dueño de las propiedades de la Iglesia. Para el clero esto fue especialmente alarmante, pues si Calles así lo decidía, podía entregar los templos al patriarca Pérez y sus sacerdotes cismáticos.

En algunos estados, como Tabasco, los gobernadores obligaron a los sacerdotes a casarse. En Chihuahua, el estado más grande de la república, sólo se permitió un sacerdote para atender a toda la población. La Liga Nacional de la Defensa de la Libertad Religiosa convocó en seguida a un boicot nacional contra el gobierno.

Las medidas de Calles no pasaron desapercibidas en el extranjero. En Estados Unidos encontró un entusiasta apoyo del Ku Klux Klan que estaba en pleno crecimiento, con 4 millones de afiliados, es decir, 3.5% de la población de Estados Unidos. En 1926, cuando en México era claro que se aproximaba una guerra religiosa, el Klan solicitó formalmente al Secretario de Estado, Frank Kellog, que su país no interviniera en la situación mexicana.

Finalmente, el delegado del Vaticano, Monseñor

Caruana, que había llegado tratando de establecer un diálogo con las poderosas centrales obreras, fue expulsado del país. Exasperado ante la visible intolerancia del gobierno, que no habría sino de crecer, llamó a la resistencia pasiva de los católicos. Pero la gente común había llegado el momento de luchar. El presidente anticlerical estaba amenazando su modo de vida. La reacción popular tomaría totalmente por sorpresa tanto a la Iglesia como al gobierno.

CAPÍTULO III

"Decidió acabar con la Iglesia y librar a su país de ella de una vez por todas. Por momentos, Calles, a pesar de su realismo y frialdad, me daba la impresión de que abordaba la cuestión religiosa con espíritu apocalíptico y místico." - Ernest Lagarde, secretario de la representación francesa en México de 1924 a 1929

En julio de 1926, al entrar en vigor la Ley Calles la tensión llegó al máximo. Un comité de obispos decidió que se supendería el culto en todo México como protesta. Contaban con que todo el pueblo católico presionaría moralmente al gobierno, pero nunca se imaginaron que desatarían una guerra. Calles estaba complacido porque estaba seguro de que la medida finalmente destruiría a la Iglesia Católica. Sin pestañear, el presidente declaró desafiante que había llegado el momento de comprobar si la Revolución había triunfado o si su éxito sólo había sido efímero. En la mente de Calles, la suspensión de culto era algo positivo, pues él calculaba que, con el tiempo, los indios se olvidarían de la religión una vez que interrumpieran su costumbre de ir a la iglesia.

El presidente también respondió a la huelga del culto público con la prohibición del culto privado; esta medida sin precedentes, que recuerda la persecución cristiana en la antigüedad, hizo que la religión fuera ilegal. Miles de personas fueron a las iglesias para recibir el sacramento que, en cuestión de días, sería motivo de prisión. Se bautizaron miles de niños, se celebraron misas continuamente durante días; un arzobispo se desmayó de cansancio luego de confirmar a cinco mil personas en un solo día. "La Iglesia ha superado nuestras más locas esperanzas al decretar la suspensión de los servicios religiosos", dijo un satisfecho ministro del Interior, Adalberto Tejeda. "Nada podría ser más grato para nosotros. Tenemos al clero agarrado por el cuello y haremos todo lo posible para estrangularlo".

Mientras los alarmados obispos intentaban negociar con el presidente, y después con el Congreso, para que se diera marcha atrás a la persecución, en cuanto se suspendió el culto la rebelión estalló espontáneamente. Los campesinos tomaron sus viejas armas en diversos puntos del centro de México, específicamente en las localidades pequeñas. La rebelión tomó por sorpresa a la Iglesia. Calles también había calculado mal. Su intención era aplastarla (en sus propias palabras), pero estaba convencido de que la población lo apoyaría y que, como él, veía a la religión como una fuerza del oscurantismo que obstaculizaba el progreso de la Revolución. Pero para la población rural, para muchos pequeños propietarios de tierra y para los campesinos pobres, la Revolución de 1910-1920 sólo había significado destrucción, confiscaciones forzosas, leva, muerte, mientras ellos seguían en el mismo estado de pobreza que sus padres y sus abuelos. Para esa gente —la mayor parte del país, eminentemente rural— la suspensión del culto y el fin de la religión significó una auténtica hora de dolor.

Al principio las reacciones armadas fueron aisladas y esporádicas, pero numerosas. Entre agosto y octubre de 1926, más de veinte insurrecciones locales brotaron en el centro de México. La primera respuesta del gobierno, sin embargo, fue de desprecio. Los soldados federales empezaron a llamar cristeros a los campesinos en armas, como una forma de burla, porque decían pelear en el nombre de Cristo. Pero ellos recibieron bien ese nombre; consideraron que les quedaba bien para su guerra sagrada, en defensa de su libertad religiosa, de sus santos, de sus templos y con todo ello, de su libertad espiritual. A la guerra se lanzaron incluso niños desde los 12 años, con

armas viejas y machetes del siglo pasado, al grito de
"¡Viva Cristo Rey!", una referencia al colosal monumento
del Cristo del Cerro del Cubilete. Para finales de 1926,
todo el centro de la república estaba en armas.

Apenas habían pasado unas semanas desde la
promulgación de la Ley Calles y la suspensión del culto,
cuando fue ejecutado el sacerdote Luis Batís Sáinz, el
primer santo mexicano en morir durante la rebelión
cristera. Acusado de conspiración, varios soldados
irrumpieron en la casa de Batís durante la noche y lo
arrancaron de su cama. El sacerdote había sido advertido
que lo estaban buscando los militares. "Que se haga la
voluntad de Dios, si Él quiere, yo seré uno de los mártires
de la Iglesia", dijo. Sus captores le dijeron que había
desobedecido las leyes de la nación por decir misa y
bautizado en secreto. Junto con él trasladaron a tres
jóvenes a un lugar conocido como Puerto de Santa Teresa.
De ahí, el sacerdote y otro hombre fueron llevados a la
carretera para su ejecución. En una encrucijada, los
soldados se formaron en cuadro. Dado que el joven que
fue detenido junto con él tenía hijos pequeños, el
sacerdote intercedió por su vida: "Les ruego que en
atención a los niños pequeños que forman la familia de
Manuel Morales, le perdonen la vida. Yo ofrezco mi vida
por la de él." Los soldados cumplieron sus órdenes sin
prestar atención a las súplicas y ejecutaron a ambos

hombres. En el último momento, el sacerdote miró a su compañero de martirio y dijo sus últimas palabras: "Hasta el cielo".

Las revueltas estallaron con furia en la región donde murió el padre Batís, y en distintos puntos del centro y occidente de México, una región tradicionalista y conservadora. Antes que buscar una solución, el gobierno de Calles respondió movilizando al ejército y arrestando a más miembros del clero. Aquella fue la señal para los pueblos de que era el momento de tomar las armas para defender sus creencias, a pesar de que sus líderes religiosos les pedían no recurrir a la violencia.

Campesinos católicos de los estados de Guanajuato, Zacatecas, Aguascalientes, Jalisco y Colima formaron grupos de resistencia sin experiencia, especialmente en comparación con el ejército federal de 70 mil hombres recién salido de la Revolución Mexicana. Los cristeros cabalgaban en grupos de cincuenta a cien, librando guerras locales completamente desprevenidos, sólo para ser masacrados. Nunca había una rebelión popular en México hecho frente a un ejército tan unificado como el de Calles, a cargo del General Joaquín Amaro. De un lado estaba el entusiasmo sin preparación, sin armas y sin estrategia; del otro estaban los recursos, las tropas bien entrenadas y el apoyo de Estados Unidos.

Pero las cosas iban a cambiar pronto.

CAPÍTULO IV

El gobierno de Calles esperaba aplastar a los rebeldes en cuestión de unas semanas o meses, pero la tarea probó ser más difícil de lo esperado.

La guerra comenzó con simples protestas violentas en el campo mexicano. La historia se repetía en los cuatro puntos cardinales del centro de la república: a un pueblo llegaba la noticia de que el gobierno de Plutarco Elías Calles había ordenado que se cerraran los templos. Los campesinos, acostumbrados a ver gobiernos ir y venir, y que encontraban su sustento espiritual, consuelo y guía en su religión, lo único estable en sus vidas, se organizaban y salían de sus ranchos para protestar ante el presidente municipal o gobernador de su estado. En la ciudad se encontraban con una abrumadora realidad: el gobierno estaba cerrando escuelas, confiscando templos, cálices, candelabros, joyas, y cerrando conventos. Las imágenes y los santos habían desaparecido. Y aunque en realidad el presidente Calles no había ordenado suspender el culto, sino el episcopado mexicano, los abusos equivalían a una interrupción de facto de la labor de la Iglesia.

Seguros de que, de no tomar las armas, serían unos traidores a lo que consideraban más sagrado, los campesinos, hombres, mujeres y niños, volvían a sus pueblos, buscaban sus rifles y machetes, y se iban a las montañas para comenzar la lucha al grito de "Viva Cristo Rey". Cuando las tropas del gobierno se enteraban de la pequeña insurrección, entraban al pueblo, lo encontraban semi vacío, y se dedicaban a quemar casas y desecrar la pequeña iglesia local como advertencia. Y en ocasiones, para provocar, gritaban "¡Viva el demonio!". Los rumores llegaban a las montañas y los ánimos se exacerbaban, imaginándose ambos lados de que se trataba de, quizá, la guerra final.

Los cristeros eran campesinos sin organización, armados con machetes, palos y algunos rifles viejos de corto alcance, que se dispersaban ante la llegada de los soldados. Podían seguir resistiendo gracias a que la gente de los pueblos los apoyaba abrumadoramente, pero las balas no perdonaban. "En todas partes, la orden para irse a la insurrección tuvo el efecto catastrófico de provocar un levantamiento inmediato, cuando nada estaba preparado", escribe el historiador Jean Meyer, autoridad en el tema. "Después de la masacre, uno podría pensar que la Liga había asegurado la victoria definitiva del Gobierno. Los considerables recursos del ejército federal le permitieron aplastar por separado los centros aislados de insurrección en 1926 y luego, a principios de 1927, la región de Altos de Jalisco y la Sierra Gorda. Sin embargo, debido al carácter popular de la insurrección y la naturaleza perdurable de sus motivos subyacentes, los levantamientos volvían a originarse tan pronto como las columnas se retiraban ".

Los cristeros evitaban el enfrentamiento abierto recurriendo a la guerra de guerrillas, y esto desgastaba a las tropas federales. Meyer recogió el testimonio de un joven estudiante al unirse a las fuerzas cristeras: "El grupo de soldados cristeros me causó muy mala impresión. Mal vestidos, aún peor arreglados… daban la impresión de ser simples peregrinos rurales, cada uno armado accidentalmente con un rifle".

Poco a poco, los contingentes cristeros empezaron a capturar armas del enemigo, el ejército federal, que en ocasiones se veía en desventaja debido al desconocimiento de la región y a que no estaba combatiendo contra un enemigo visible. En pocos meses el número de rebeldes comenzó a aumentar exponencialmente. Un año después de las primeras protestas, sus filas aumentaron a 20 mil tropas.

Los cristeros no tenían un solo centro de rebelión, como quince años antes por ejemplo lo había tenido Pancho Villa (en el norte) o Emiliano Zapata (en las montañas del sur). El típico enfrentamiento se repetía por todos lados: los rebeldes tomaban la plaza de un pueblo y los soldados, acuartelados en una zona militar, acudían a la reconquista de la localidad. Los cristeros huían a las montañas en sus caballos, mejor preparados para movilizarse que los federales a pie, por terrenos inaccesibles a la infantería. Seguía alguna escaramuza en los cañones y cerros, había algunas bajas, y los rebeldes se dispersaban y se escondían en las casas de la gente. Cuando el ejército se alejaba, los cristeros volvían a tomar la plaza y repetir el ciclo, en una guerra de desgaste. Por eso, los soldados empezaron a tomar crueles represalias contra los pueblos, lo cual sólo hizo que se extendiera la ira y las zonas en conflicto.

Las ciudades apoyaban el movimiento con propaganda, suministros, organización, y en algunos casos llamando la atención de la comunidad internacional. Los ferrocarriles, que fueron tan importantes para el movimiento de armas y hombres en la Revolución Mexicana, nunca estuvieron en poder de los cristeros. Por tanto, sus traslados eran difíciles, a lomo de mula, por caminos inaccesibles, y esto también contribuyó a la difícil formación de un movimiento unificado. Eran cientos de pequeñas rebeliones sin una figura de mando central. Las organizaciones urbanas estaban trabajando en esto.

Las tropas se negaban a dejar su región aunque sus superiores lo ordenaran. Había una razón para ello: la mayoría de los hombres mayores de edad eran casados. Después de pelear, volvían a sus humildes viviendas para continuar las labores agrícolas. Tampoco había ataques planificados con fines estratégicos, éstos obedecían más o menos a las ocurrencias de los jefes, y no había estrategia militar profesional. Por eso el movimiento nunca amenazó seriamente la continuidad del gobierno de Calles.

Una de las primeras figuras cristeras fue Jesús Degollado, general encargado de la región occidente de México, es decir, donde la rebelión era más intensa, los estados de Jalisco, Michoacán y Colima. Degollado estaba lejos de tener la experiencia, pericia y habilidad militar de los generales del gobierno, pero su caso no era la excepción, sino la regla. Degollado estuvo detrás de una de las batallas importantes, el ataque al puerto de Manzanillo, en la costa del Pacífico. En mayo de 1928, reunió a varios líderes en su campamento ubicado al pie del volcán de Colima. Ahí les expuso su plan para la toma del puerto: volar el puente que comunicaba con la ciudad de Colima para evitar que llegaran refuerzos federales por tren. Degollado instruyó a uno de los jefes que hiciera un ataque de distracción en la capital del estado, para desorientar a las tropas que estaban acuarteladas ahí.

Cuando 700 rebeldes entraron a Manzanillo en tres columnas, se encontraron con que el puerto estaba defendido por un buque de guerra llamado *El Progreso*, que empezó a disparar su cañón de largo alcance y a causar bajas entre los cristeros. Degollado llegó con sus mejores tropas al puerto después de varias horas de batalla de las otras columnas para consumar el ataque. Desde una colina, según narra en sus memorias, casi fue alcanzado por una bala de cañón de *El Progreso*. Cuando se aproximaba a Manzanillo, vio varios cadáveres regados, algunos decapitados, por los proyectiles del barco. Con todo, la unión de tropas fue un éxito que acabó por la toma exitosa de la plaza. "Cuando la columna del general se enlazó con la de Bouquet, el entusiasmo fue imponente. Los cristeros detuvieron su ataque contra los callistas. De todas sus gargantas salían vivas a Cristo Rey y a Santa María de Guadalupe. Los soldados de Cristo avanzaron por las calles `como locos´". Ante el avance de las fuerzas cristeras, el buque abandonó el puerto de Manzanillo. Los soldados federales derrotados entregaron sus armas y los rebeldes entraron a la aduana, tomaron lo que había recolectado y lo repartieron entre los combatientes.

El entusiasmo duró poco tiempo. Sin saberlo los cristeros, un tren con refuerzos del gobierno se aproximaba al puerto. En las cercanías, los soldados encontraron el puente quemado, no destruido. Los hombres lo repararon de prisa. Cuando los cristeros se dieron cuenta del peligro, ordenaron la retirada, pero se demoraron un tiempo recogiendo armas de los caídos. Cuando intentaron regresar tierra adentro, fueron interceptados. Muchos prefirieron arrojarse al mar antes que ser capturados por los hombres del presidente Calles. La derrota fue desastrosa. A la mañana siguiente los soldados llevaron a la plaza del pueblo varios cadáveres de rebeldes para colgarlos de los árboles. Un funcionario estadounidense que fue testigo de los hechos contó 35 ahorcados. Los federales cremaron el resto.

Aunque no fueron muchos, algunos sacerdotes también tomaron las armas para defender la religión. Uno de los más renombrados fue José Reyes Vega, un cura de Jalisco al que llamaban "Pancho Villa con sotana", tanto por su carácter explosivo como por su sangre fría. Cuando el padre Vega llevó a cabo el asalto a un tren militar, según testigos "con una mano daba la absolución *in articulo mortis* a los heridos, y con la otra les asestaba el tiro de gracia a quien se le enfrentaba".

Otros sacerdotes, mucho más pacíficos, fueron martirizados sólo por administrar sacramentos. En 1927, el padre Francisco Vera fue detenido por celebrar misa y llevado al pelotón de fusilamiento. El general que ordenó la ejecución del padre Vera, quien enfrentó la muerte con sus vestimentas sacerdotales y las manos juntas en señal de oración, tomó una foto infame del fusilamiento y se la envió al presidente Calles, quien a su vez , la pasó a la prensa.

Finalmente, está el interesante caso de Concepción

Acevedo, la Madre Conchita, una monja que se convirtió en una de las más activas peligrosas figuras del movimiento cristero. Aunque nunca tomó un arma, tenía varios fieles seguidores, incluso algunos ex generales de Emiliano Zapata, que se unieron a la guerra cristera a petición de ella. La mujer venía de un convento de capuchinas. En una ocasión se había mercado la piel con un hierro candente las letras de JHS (*Jesús Hommo Salvador*) como penitencia, y dormía en posición de crucificada. Cuando su convento fue clausurado por el gobierno, y sus compañeras huyeron para esconderse, ella se negó a salir hasta que la desalojaron. Durante la guerra cristera llevó a cabo reuniones secretas con los líderes cristeros radicales. Su controvertido papel en la profundización y radicalización de la guerra cristera cambiaría la historia.

CAPÍTULO V

La guerra cristera tuvo un efecto inesperado: resucitar la iglesia cismática del padre Joaquín Pérez Budar, que en 1925 había decidido romper con Roma y fundar una iglesia mexicana sin lazos con el Vaticano, al estilo de la Reforma protestante de Europa. Después de un inicio explosivo, el ímpetu de su movimiento había declinado rápidamente. Inesperadamente, la suspensión del culto y el inicio de la lucha armada dio un segunda bocanada de aire a la iglesia del patriarca.

Aunque Pérez ha sido calificado por los historiadores como un simple oportunista, un sacerdote mercenario en búsqueda de poder, estos señalamientos son injustos. Había una historia real de sufrimiento e idealismo detrás de este sacerdote. De joven, Joaquín Pérez había recorrido los pueblos pobres indígenas del sur de México. Detestaba al Vaticano por imponer un costo demasiado alto a los fieles mexicanos. En Puebla, el padre Pérez había enviado una petición al delegado del papa en México con miles de firmas de varios pueblos en donde pedía que se redujeran las elevadas tarifas que cobraba la iglesia por los sacramentos. El hombre del Vaticano enfurecido le inventó cargos con ayuda del clero mexicano, y Joaquín Pérez fue injustamente enviado a la cárcel durante dos años. Pero no por ello desistió de su deseo de cambiar las cosas.

En 1925, el patriarca Pérez, que trabajaba en la catedral de la ciudad de México, comenzó a buscar sacerdotes afines que quisieran unirse a su aventura de fundar una nueva iglesia más cercana en espíritu a la de los primeros cristianos. En una entrevista en 1930, recordó: "Con ardiente fe, creí llegado el momento y que Dios me llamaba a establecer su amada Iglesia, al advenimiento del gobierno del general Plutarco Elías Calles, establecido bajo bases altamente liberales. Actuaba en esos días como sacerdote oficiante, dando misas en el Altar del Perdón de la catedral de México, y de allí salí entonces con todo afán para buscar a ocho sacerdotes más, amigos míos, a quienes de antemano había convencido de la necesidad de fundar una Iglesia Católica Apostólica Mexicana independiente del papado".

En 1926, junto con ocho sacerdotes, escribió un manifiesto que dio a conocer el 18 de febrero. En él decían que Jesucristo nunca había designado al apóstol Pedro como jefe de la Iglesia toda, y que para México reconocer como autoridad a un hombre extranjero (el papa italiano) era traición a la patria. El documento fundacional criticaba que se trataran los sacramentos como mercancías; decía que el celibato sacerdotal era antinatural y una práctica tardía en la Iglesia; y que la tesis de la infalibilidad del papa era contraria al cristianismo, pues sólo las escrituras eran infalibles. En seguida, la iglesia del patriarca Pérez exponía sus propuestas doctrinales, que consistían en la libre interpretación de las escrituras, el patrocinio de la Virgen de Guadalupe (sin la cual cualquier intento religioso estaba condenado al fracaso en un país como México), la primacía del patriarca Pérez como autoridad y su poder de ordenar ministros, la impartición gratuita de los sacramentos, el fin del diezmo, la eliminación del celibato sacerdotal, el establecimiento del español como lengua litúrgica —en ese tiempo el latín era la única lengua permitida en la misa—, y rechazaba la existencia del infierno.

No faltaba razón a varios de los puntos del manifiesto. Éstos reflejan la indignación del padre Joaquín Pérez por algunas prácticas de la iglesia mexicana, especialmente el cobro obligatorio del diezmo y de los sacramentos a indígenas empobrecidos, así como el dominio espiritual que representaba la creencia en la condenación eterna. A finales de febrero de 1925 por la noche, un grupo de sacerdotes y cerca de cien personas armadas tomaron el templo de La Soledad, en el centro de la Ciudad de México, mientras un sacerdote oficiaba misa. Los amotinados echaron a los encargados a la calle y dijeron que estaban fundando la Iglesia Católica Apostólica Mexicana.

El arzobispo de México y el clero reaccionaron ante la noticia. Los cismáticos pidieron protección de la policía al presidente Calles. Ante las enérgicas protestas del arzobispo por el incidente del templo de La Soledad (la primera vez que otro grupo religioso se apoderaba de un templo católico), el presidente se limitó a pedir a ambos líderes su versión de los hechos por escrito. Cuando una turba de más de mil personas pretendió recuperar el templo, la policía envió grupos de choque para proteger a los rebeldes. Durante días se produjeron varios heridos y el patriarca estuvo a punto de ser linchado. Muchos católicos mexicanos estaban aterrorizados ante lo que consideraban un sacrilegio cuyo castigo caería sobre todos. Mientras, el patriarca Pérez anunciaba que su iglesia reconocía todas las verdades del catolicismo, y que solamente iba a reemplazar a los sacerdotes extranjeros, de cuya soberbia estaban hartos los fieles.

Durante las siguientes semanas, en varios estados de la república se repitieron actos semejantes cuando otros sacerdotes se sumaron a la iglesia cismática mexicana. En la Ciudad de México, varios congresistas se pronunciaron en favor de la nueva institución porque consideraban que con ella culminaba el proceso de independencia de México: primero de España, y ahora de Roma. Cuando quedó claro que el patriarca Pérez gozaba de protección oficial, el arzobispo lanzó una excomunión contra él y prohibió a los católicos asistir al templo de La Soledad. Sin embargo, algunas mujeres empezaron a acercarse a misa. A media ceremonia, el patriarca fue agredido por un grupo de señoras que lo golpearon y rasguñaron.

En los siguientes días, los cismáticos intentaron tomar nuevos templos en zonas populares de la Ciudad de México y en varios estados, especialmente donde vivía la clase obrera, pero los vecinos se organizaron y montaron guardias día y noche. De 42 templos que quisieron tomar los rebeldes, en ninguno fructificaron sus esfuerzos debido a la feroz resistencia de los católicos leales, que con razón sospechaban que detrás del cisma estaba el gobierno de Calles. Cuando en la ciudad de Aguascalientes un grupo llegó a tomar el templo de San Marcos, los católicos que estaban apostados para defenderlo resistieron. Las autoridades acudieron para tratar de detener el inminente baño de sangre.

El historiador Mario Ramírez Rancaño en su libro sobre el patriarca, describe cómo "al llegar al templo de San Marcos, el (enviado del destacamento militar de Aguascalientes, un) coronel Cortés intentó dialogar, obteniendo como respuesta una andanada de vivas a Cristo Rey, a la virgen de Guadalupe y toda suerte de insultos. A la par que sus palabras caían en el vacío, los ánimos se caldearon y vino la catástrofe. Algunas versiones indican que, desesperado, el coronel Cortés echó el caballo sobre la multitud y ordenó a sus subalternos hacer fuego. Otras, que no fue así. Sea cual fuere la verdad, lo cierto es que después de ello todo fue confusión y desorden, saliendo a relucir palos, cuchillos, piedras y pistolas. La refriega duró hasta las tres de la mañana del día siguiente. Cuando la belicosidad cedió, la tropa se posesionó del templo y aprehendió a setenta hombres y cinco mujeres".

A las tres de la mañana, había decenas de muertos y cientos de heridos. Para Calles fue demasiado. El presidente decidió poner fin a su experimento y desalojó al patriarca Pérez del templo de La Soledad. A cambio le ofrecieron un templo en ruinas llamado Corpus Christi.

Pero ése no fue el fin de la nueva iglesia. Al inicio de la guerra cristera, el patriarca Pérez languidecía con apenas ocho templos en un país de dos millones de kilómetros cuadrados, y unos diez sacerdotes. La suspensión del culto católico resucitó la empresa de Pérez, especialmente en el sur del país, donde muchos mexicanos pobres querían seguir bautizando a sus hijos, confesándose, oyendo misa y recibiendo la extremaunción para sus enfermos. La iglesia separada de Pérez, independiente del arzobispo, ofrecía todo eso.

Muchos pueblos pedían al gobierno que autorizara más sacerdotes para sus comunidades, pues ese permiso solamente podía darlo el gobierno federal, y dado que la iglesia católica romana seguía con sus puertas cerradas, y el patriarca Pérez estaba ahí para llenar esas necesidades. Muchos sacerdotes rebeldes empezaron a salir de su sede en el templo de Corpus Christi para dirigirse a los pueblos rurales y pobres del sur de México. Sus apóstoles partieron al sur y al oriente del territorio, buscaron los templos derruidos, estropeados y abandonados, y pidieron al gobierno que se los entregaran. En seguida reunían a la gente y les explicaban que la nueva iglesia no cobraría los sacramentos y que dejarían de enviar millones de pesos a Roma.

En los años de la guerra cristera, la iglesia mexicana cismática creció en número de sacerdotes oficiantes y número de templos capturados, más de 200 en 1928, el año más intenso de la guerra, y 370 mil feligreses. Su presencia fue más notoria en el centro y especialmente el sur del país, en los estados de Puebla, Veracruz, Chiapas y Oaxaca, este último lugar de nacimiento del líder, pero no en ciudades, sino en pueblos pequeños sin gran importancia.

El final de la guerra significó también el declive definitivo del Patriarca Pérez y de su iglesia, a la que finalmente le fueron arrebatados los templos, en muchos casos con violencia por parte de los católicos tradicionales. Como último recurso, el patriarca viajó al sur de Estados Unidos en un intento de predicar entre la población mexicana de aquel país y trasladar su moribunda congregación al norte. Pero él mismo estaba también moribundo. En 1931 regresó a México. Murió minutos después de, supuestamente, haber redactado una carta arrepintiéndose del cisma y abjurando de su iglesia. Pero el patriarca estaba inconsciente en esos últimos momentos. Todo indica que un sacerdote católico amigo, instruido por el arzobispo de México, la redactó y tomó las huellas digitales del patriarca para plasmarlas en el papel, y anunciar gozosamente la mentira de que el fundador había renegado de sus ideales en el último momento. El Lutero mexicano había perdido su última batalla.

CAPÍTULO VI

"Mantente animosa, fíjate que lo que yo ando haciendo es un deber sagrado y convéncete de ello al considerar los millones de gente que están rezando por mí y por mi causa. No flaquees por nada; no confundas los triunfos efímeros con los definitivos y fíjate en que la causa que defiendo es la del honor y la justicia y que esto es independiente del resultado final." - General Gorostieta a su esposa, 1929

Durante casi un año, de mediados de 1926 a mediados de 1927, la insurrección cristera consistió en rebeliones dispersas y desorganizadas. Los combatientes no sólo carecían de estrategia e instrucción militar; también les hacía falta una figura central de mando, un líder fuerte como Pancho Villa o Emiliano Zapata una década antes. Entonces apareció Enrique Gorostieta, un militar que había peleado en la Revolución Mexicana, que trajo organización y unidad a un esfuerzo que estaba disperso.

Enrique Gorostieta había estudiado en el Colegio Militar y había formado parte de la brigada que defendió la ciudad de Veracruz durante la invasión americana de 1914. Gorostieta era católico y religioso, pero no fanático, y aceptó el empleo que le ofreció la Liga Nacional para la

Defensa de la Libertad Religiosa porque consideraba que sus reivindicaciones eran justas, porque no simpatizaba con el presidente Calles, y porque se le ofreció un espléndido sueldo. Por su parte, la dirección del movimiento, desanimada por las derrotas, aceptó que era el momento de tener en sus filas a un militar con experiencia. Cuando la Liga se acercó a Gorostieta, que tenía genio militar, pero había quedado en el lado de los perdedores en la Revolución Mexicana, el ex militar estaba trabajando en una fábrica de jabones con un miserable sueldo.

Gorostieta cambió el rostro del movimiento. Sólo a partir de su entrada pudo hablarse de un verdadero ejército cristero, aunque fuera pobre y formado con campesinos sin instrucción. Bajo su guía, la rebelión se solidificó y aumentó el número de tropas. Gorostieta fue reconocido por la mayoría y con sus triunfos militares, su autoridad se fortaleció. En agosto de 1928 el movimiento lo nombró Primer Jefe del Ejército de Liberación. A mediados de 1929 mandaba a más de 20 mil tropas, aproximadamente la mitad de las que había en todo el territorio nacional.

Mientras tanto, en algunos estados los gobernadores tomaron como un asunto personal la erradicación total de la religión, alegando que de esa forma estaban liberando al pueblo del fanatismo. Un caso especial fue el de Tabasco, donde el gobernador Tomás Garrido no sólo cerró los templos, sino que derribó iglesias, obligó a los sacerdotes a casarse, y llevó a cabo quemas de imágenes y libros religiosos en grandes hogueras públicas. Las imágenes provenían de los templos pero también de hogares particulares. Las camisas rojas de Garrido allanaban las casas en busca de imágenes, y encarcelaba a los jefes de familia donde se encontraran. Garrido también prohibió poner cruces en las tumbas y mandó cambiar el nombre de todos los pueblos que tuvieran nombres de santos por el de personajes históricos. Semejante a un líder comunista de Asia, prohibió en general, bajo graves amenazas, cualquier expresión de catolicismo en su estado. Sin contar las ceremonias que los sacerdotes llevaban a cabo a escondidas en casas, en rancherías y en sótanos —con el temor de ser arrestados o asesinados—, la religión desapareció definitivamente en estados como el del gobernador Garrido.

En noviembre de 1927 el candidato presidencial de Calles, el general Álvaro Obregón, que tenía segura la presidencia de México, sufrió un atentado en su coche cuando se dirigía a una corrida de toros. En las investigaciones, la policía arrestó a un sacerdote jesuita llamado Miguel Pro, que había oficiado misas en secreto en la casa donde se habían reunido los conspiradores. Sin un juicio de por medio, Calles hizo fusilar al padre Pro para dar un escarmiento a los cristeros. Hombres cercanos al presidente le insistieron que no matara a un sacerdote pacífico sin pruebas, y que se le hiciera un juicio. "Si no lo hago de esta forma, después van a venir por mí", dijo. El padre Pro fue fusilado frente a las cámaras. Antes de dispararle, le preguntaron si deseaba una última voluntad. El sacerdote se arrodilló, juntó las manos y oró unos momentos. Después se puso de pie, abrió los brazos como un crucificado y murmuró: "Viva Cristo Rey". La muerte de este sacerdote ganó a muchos para la causa cristera.

En ese año, las mujeres también entraron en combate cuando se estableció la Brigada Juana de Arco, que lleva el nombre de la doncella de Orleans, que acababa de ser canonizada en Roma. La Brigada Juana de Arco estaba formada por 650 mujeres que, aunque no tomaron las armas, hacían trabajos de guerra. Tenían rangos de general, coronel y capitán, controlaban municiones, armas, asistencia médica y realizaban labores de espionaje. La brigada estaba compuesta en su mayoría por mujeres adolescentes que llevaban armas y municiones a los campos de batalla.

Mientras las fuerzas cristeras adoptaban el nombre de Ejército de Liberación Nacional, el famoso monumento a Cristo Rey en el centro del país fue dinamitado. Todo el mundo volteó a ver a Calles.

El movimiento que el gobierno inicialmente criticó y

ridiculizó como una falsa revolución, ahora merecía no sólo su preocupación, sino también la atención del Vaticano y del resto del mundo. La Cristiada se volvió lo suficientemente importante como para alarmar a la opinión pública mundial y presionar al gobierno mexicano y a la Iglesia a llegar a un acuerdo.

Las iglesias de Argentina, Bélgica, Alemania, España, Chile, y especialmente las de Irlanda y Polonia, países donde los católicos habían sufrido persecución, expresaron su profunda preocupación por las situación de sus hermanos mexicanos. En Irlanda hubo protestas por la negativa de Gran Bretaña a intervenir en México. Los católicos belgas rezaron por México, pero también se encargaron de que se dieran a conocer en los diarios las fotografías de cristeros colgados de postes del teléfono, los fusilamientos de sacerdotes, las imágenes de los cuerpos de campesinos destrozados por las balas, de mujeres sufrientes vestidas de luto con hijos huérfanos.

El Vaticano siguió con preocupación y precaución los eventos de México. A punto de estallar la rebelión en 1926, el papa Pío XI había llamado la atención del mundo con la publicación de la encíclica *Iniquis Afflictisque,* en donde denunciaba la grave situación de la Iglesia en ese país, y la violación de los derechos de los sacerdotes. "Permanecen privados de derechos políticos y civiles, iguales en esto a los criminales y a los infractores", decía el documento. Y en un tono de denuncia más directo, el papa declaraba: "Lo que se ha dado a conocer en estos últimos días es algo que va más allá de las mismas leyes injustas que hemos mencionado, y toca el colmo de la impiedad, ya que los sacerdotes son atacados repentinamente cuando celebran, en su propia casa o en la de otra persona, la santísima Eucaristía es vergonzosamente ultrajada y los mismos sagrados ministros son encarcelados."

En 1928, el Papa Pío XI envió una carta a los católicos mexicanos pidiéndoles que tuvieran confianza, ya que las negociaciones estaban en marcha. El papa se apoyó en monseñor Pietro Fumasoni-Biondi, delegado apostólico en Washington, para que éste le informara sobre la situación mexicana. Fumasoni estableció un vínculo directo con el obispo de Tabasco, Pascual Díaz y Barreto, que se convirtió en el intermediario oficial entre el Vaticano y el clero mexicano. El Vaticano y el papa Pío XI insistían en que la negociación debía exigir que Calles modificara la constitución.

El mayor apoyo a los católicos mexicanos provino de Estados Unidos. La cercanía geográfica permitió que muchos jóvenes con inquietudes espirituales fueran a estudiar a seminarios del país vecino. Las organizaciones católicas más poderosas cabildearon para que el gobierno de Calvin Coolidge presionara para poner fin al conflicto en México. Especialmente activos fueron la National Catholic Welfare Conference en Washington (NCWC) y la organización de los Caballeros de Colón.

Otra parte del apoyo vino de más de dos mil sacerdotes y monjas expulsados del país y los propios exiliados civiles mexicanos que huyeron al norte. Desde Estados Unidos trataron de apoyar de distintas formas a los cristeros. Buena parte de esos exiliados eran personas de la clase media con más dotes de organización política. Como escribe Julia G. Young en su libro sobre el exilio mexicano en la guerra cristera: "Estos migrantes participaron en el conflicto de diversas formas, muchas no violentas: participaron en ceremonias y espectáculos religiosos, organizaron manifestaciones políticas y marchas, formaron asociaciones y organizaciones, y planificaron colaboraciones estratégicas con líderes religiosos y políticos en con el fin de generar simpatía pública por su causa. Algunos de ellos (...) incluso participaron en esfuerzos militantes que incluyeron contrabando de armas, reclutamiento, espionaje y revueltas militares".

El sacerdote y secretario general de la NCWC, John J. Burke, intervino no sólo a través de su labor humanitaria con los refugiados mexicanos, sino también en las negociaciones con el Vaticano y en sus encuentros con el presidente de Estados Unidos. Burke, mucho más práctico que Roma, favorecía el camino de la negociación en lugar de la imposición, y echó mano de toda su influencia para que su país presionara a Calles. El embajador de Estados Unidos, Dwight Morrow, trabajó estrechamente con el padre Burke y Calles. Morrow consiguió que el presidente Calles se reuniera con el padre Burke en dos ocasiones, con el visto bueno del Vaticano. Calles acordó reunirse con el padre Burke en Veracruz y quedó impresionado por su diplomacia e integridad. Según los informes, el presidente le dijo "Espero que su visita marque el comienzo de una nueva era para la vida y el pueblo de México".

En abril de 1928, en su último año de mandato, el presidente recibió al nuevo arzobispo de México y al embajador de Estados Unidos. Parecía haber signos de la ansiada reconciliación. Especialmente porque el nuevo presidente electo, Obregón, que sucedería a Calles, parecía ser un hombre pragmático que evitaba confrontaciones inútiles. Sin embargo, los acontecimientos de ese verano marcarían un nuevo punto bajo en las esperanzas de paz.

CAPÍTULO VIII

El 1 de julio de 1928 se llevaron a cabo las elecciones presidenciales en México, con un solo candidato, Álvaro Obregón. Cuando se anunció su triunfo sin competencia, en cada rincón del país la gente se preguntó cuál sería su política hacia la religión. El General Obregón, uno de los más grandes generales de la Revolución Mexicana, ascendería a la presidencia por segunda vez, en un país que acababa de salir de una revolución en contra de la reelección. Obregón era un hombre pragmático, interesado en llegar a una solución diplomática. El presidente electo había expresado que, en lo que a él concernía, los obispos mexicanos podían volver de su exilio siempre y cuando reanudaran el culto y respetaran las leyes mexicanas. El general fijó una reunión con el embajador de Estados Unidos, Dwight Morrow para delinear una solución al conflicto.

El día anterior a la reunión con el embajador de Estados Unidos, Obregón acudió a celebrar su victoria electoral a un restaurante, con amigos y aliados. En medio del desayuno, un joven católico que se hacía pasar por caricaturista se acercó al presidente electo y le preguntó si podía dibujarle un retrato. El general Obregón asintió, vio la caricatura y, riendo, la pasó entre los comensales. Entonces el joven sacó una pistola y la vació en el cuerpo de Obregón. El presidente electo murió instantáneamente, y con él, las perspectivas de paz.

Los oficiales intentaron ejecutar al asesino allí mismo, pero alguien los detuvo, diciendo que era necesario saber quién lo había enviado. El joven, José de León Toral, era un fanático religioso que, en su comunicado, dijo que lo había hecho "para que Cristo nuestro Señor pueda reinar en México". La Iglesia condenó la matanza, y el asesino fue ejecutado ante el pelotón de fusilamiento en 1929. Antes de que le dispararan, extendió los brazos para formar la cruz y murió sin poder decir, como todos los cristeros durante la guerra, "¡Viva Cristo Rey!"

Las investigaciones llevaron a la policía hasta Madre Conchita, la monja que había mantenido frecuentes reuniones con los conspiradores y apoyaba la causa cristera. La mujer fue acusada de ser la autora intelectual del asesinato. A pesar de que su abogado comprobó su inocencia, la monja fue torturada y enviada a la prisión en las remotas Islas Marías por 20 años.

El asesinato de Obregón fue una desgracia para el movimiento. No sólo acabó con la esperanza de lograr un acuerdo de paz, también recrudeció la violencia contra los cristeros y, en esta ocasión, la opinión pública se volcó contra ellos. Calles dejó el poder oficialmente al terminar 1928, pero los tres sucesivos presidentes —cada uno con un periodo de dos años, para un total de seis— respondían a las órdenes de Calles, quien siguió manteniendo el poder como dictador no oficial.

Un año después, las fuerzas Cristeras tenían cincuenta mil soldados, innumerables combatientes y sacerdotes yacían en sus tumbas, y la paz aún no llegaba. A buena parte del alto clero de México no le interesaba que se prolongara la lucha, pues miraban con recelo un movimiento que escapaba a su control. Era natural que a la Iglesia también le interesara llegar a un arreglo, sobre todo porque se había dado cuenta de que nunca podrían doblegar a un gobierno que contaba con el respaldo económico y militar del país del norte.

A mediados de 1929, enviados del Vaticano se reunieron con el clero mexicano y el embajador Dwight W. Morrow. En junio el nuevo presidente, Emilio Portes Gil —con la anuencia de Calles—, llegó a un acuerdo con la Iglesia: el gobierno se abstendría de intervenir en los asuntos internos de la Iglesia, y el clero podría enviar peticiones al Congreso para cambiar las leyes que considerara perjudiciales. La Constitución permanecería en su lugar, pero se suspendía la Ley Calles, y el estado regresaría los templos a la iglesia católica. Además, se concedía amnistía a todos los cristeros que entregaran sus armas. A cambio, la iglesia volvería a abrir los templos y a reanudar el culto. En palabras de Jean Meyer, "Calles afirma que nunca tuvo la intención de destruir a la Iglesia ni de meterse en sus asuntos internos, pero que no puede cambiar la Constitución; la Iglesia responde que puede no tocarla, pero no aplicar la ley".

En junio, el gobierno y la Iglesia firmaron un acuerdo de

paz y se llegó a la promesa tácita de no aplicar las leyes anticlericales. Sólo quedaba un asunto por resolver: el general Enrique Gorostieta. Muchos generales cristeros, entre ellos Gorostieta, sentían que el clero los estaba traicionando, que estaban transigiendo con el diablo y, lo más importante, que ellos ya no tendrían ningún uso para la causa de la religión. "Una vez que vuelvan a abrir las iglesias, todos me dejarán, los conozco bien", confió Gorostieta a un amigo. La Iglesia mexicana reanudó el culto en la Basílica de Guadalupe, bajo la imagen que se creía milagrosa desde la época colonial. Era el inicio de una nueva época.

Misteriosamente, Gorostieta, el único hombre que podía mantener viva la rebelión, fue asesinado unos días antes de la firma de los acuerdos de paz del 22 de junio de 1929. El general cristero seguiría la suerte de otros como Zapata y Villa. Gorostieta fue sorprendido por los soldados federales en una hacienda donde se ocultaba durante el día con quince hombres. Al ver la trampa, montó su caballo para escapar, pero los soldados le dispararon a su montura. Gorostieta quedó aprisionado bajo el cuerpo del caballo. Logró zafarse y correr hacia una de las habitaciones de la hacienda. Una lluvia de balas lo detuvo antes de llegar a su refugio. El cuerpo fue exhibido públicamente mientras los soldados federales le gritaban a la gente: "¡Vean como a su líder no lo salvó su

Cristo Rey al que tanto imploran!"

Con los acuerdos de paz y la muerte del general Gorsotieta, el movimiento se disolvió rápidamente, aunque muchos desconfiaban de la sinceridad de las palabras del gobierno. Las campanas de los templos sonaron por todo el país para anunciar que oficialmente terminaba el conflicto. Los cristeros debían ahora presentarse ante las autoridades de los pueblos y rendir sus armas, pero no se presentaron, posiblemente porque sentían que dado que no se habían levantado por órdenes de nadie, tampoco debían licenciarse ante nadie. De los 50 mil cristeros que había en 1929, solamente 14 mil fueron a deponer las armas.

El resto se disolvió y desapareció como había llegado, sin notificar a nadie, y regresó a sus ranchos y pueblos en el centro de México. A diferencia de los alzados en armas de otras revoluciones, que se fueron al bandidaje cuando ya no hubo más guerras por pelear, los cristeros volvieron pacíficamente a sus hogares y campos de cultivo, y así siguieron mientras no los molestaran. Las mujeres renovaron muchas iglesias en ruinas, confiando en que su guerra santa había llegado a su fin.

CAPÍTULO IX

Los cristeros que se resistieron a identificarse y entregar sus armas tuvieron razón en desconfiar. En los siguientes años el gobierno continuó la persecución y, en opinión de algunos sobrevivientes, murieron más en la llamada "segunda cristiada" que en la primera. Incluso en tiempos de paz, el gobierno no respetó sus promesas de no perseguir a los jefes cristeros más importantes. De manera progresiva y silenciosa, sus líderes fueron asesinados uno por uno. El gobierno había aprendido bien de los años de la Revolución a silenciar, y de preferencia a no dejar vivo, a quien pudiera volver a tomar las armas.

Las relaciones entre la Iglesia y el Estado seguirían siendo tensas. Durante años, muchos ex combatientes fueron eliminados, y la represión violenta contra el clero, el cierre de iglesias de acuerdo al humor de cada gobernador, y el ataque a las escuelas religiosas continuó hasta finales de la década de los 1930s; la guerra psicológica incluso hasta la segunda mitad del siglo XX. En las décadas de los 1930 y de los 1940, ambos lados cometieron crueldades y actos de heroísmo. Otros líderes tuvieron que exiliarse o vivir en secreto, hasta que fueron ancianos y empezaron a ser interesantes para los historiadores. Al entrar en la década de 1940, el presidente Manuel Ávila Camacho aparentemente zanjó el asunto cuando declaró que era católico. Cuando Ávila dijo: "Soy un creyente", fue el primer presidente mexicano desde la Revolución Mexicana en admitirlo abiertamente. Eso pareció poner fin al asunto.

Con el establecimiento de un acuerdo tácito entre la Iglesia y el gobierno, en el que el gobierno mantenía sus leyes, pero no las aplicaba, y la Iglesia se mantenía fuera de los asuntos públicos, se llegó finalmente a un *modus vivendi* y los cristeros fueron olvidados por ambos lados. Sólo en los pueblos y rancherías de México, la gente conservó la memoria. Cada año se realizó en Los Altos, Jalisco, una cabalgata en honor del general Enrique Gorostieta. El monumento a Cristo Rey fue reemplazado por uno mayor en 1944. Hasta la fecha, con sus veinte metros de altura y a sus 2500 metros de elevación, la gigantesca escultura puede ser vista desde una gran distancia a los que pasan por el estado de Guanajuato, una de las zonas donde la rebelión fue más sangrienta.

La cristiada fue una revolución incómoda para un estado mexicano que se preciaba de ser heredero de los pensadores liberales. Era algo así como un anticlímax a la narrativa heroica de la Revolución Mexicana triunfante. Cuando mucho se le quiso calificar como una reacción oscurantista contra la Revolución Mexicana. En el discurso oficial, los cristeros eran recordados como terroristas, fanáticos o simplemente bandidos. De la cristiada se solía mencionar más bien los retrocesos que causó al país, la intrascendencia del movimiento, y encima se achacaba a católicos intoleranres y fanáticos el último gran magnicidio: el asesinato del presidente electro

Álvaro Obregón, uno de los héroes de la Revolución Mexicana.

Al término de la cristiada se destruyeron muchos archivos de las organizaciones católicas, y la misma Iglesia mexicana prefirió que se enterrara el recuerdo de sacerdotes guerrilleros, monjas conspiradoras, brigadas de mujeres espías y ejércitos populares con cruces colgando del cuello, especialmente en un fin de siglo XX en el que la Teología de la Liberación era vista como una hija rebelde por el Vaticano.

El mundo académico en México también ignoró la guerra cristera durante mucho tiempo. Se consideraba casi una pérdida de tiempo estudiar seriamente sus orígenes, consecuencias e impacto social. La guerra había sido local, decían, no había tenido razón de ser, y tampoco había cambiado nada. El primer intento de analizar con seriedad un evento que había significado un momento traumático para muchas familias y comunidades, apareció en 1966 con el libro de Alicia Olvera, *Aspectos del conflicto religioso de 1926-1929. Sus antecedentes y consecuencias.* Sin embargo, sería un historiador extranjero, Jean Meyer, quien daría legitimidad al estudio de la revolución cristera. En la década de los 1960, Meyer entrevistó personalmente a muchos participantes de la guerra y la expuso como lo que fue: una genuina guerra de religión, una persecución a la que comparó con las de los emperadores romanos contra de los cristianos en el siglo I y II de nuestra era.

El rescate de la memoria tuvo otro aliado: la Iglesia de Roma, a la que los cristeros entregaron su vida. Con el tiempo, el Vaticano reconoció no sólo la legitimidad de la Cristiada, sino también el heroísmo y la santidad de algunas de sus víctimas. En el año 2000 el papa Juan Pablo II elevó a los altares al sacerdote Toribio Romo, quien sufrió la persecución por oficiar la misa en secreto, por fundar refugios y administrar los sacramentos, y fue ejecutado por soldados federales. Luego, el papa Francisco I canonizó a José Sánchez del Río, un niño de 14 años al que en 1928 los soldados desollaron la planta de los pies y fue obligado a caminar hasta el cementerio, donde fue ejecutado mientras gritaba "¡Viva Cristo Rey!". Muchos otras víctimas de la guerra fueron declarados santos, beatos o mártires por el Vaticano.

Finalmente, los cristeros volvieron a vivir gracias al cine. En 2012 se exhibió la película "For Greater Glory" (Cristiada) con el actor Andy García en el papel de Enrique Gorsotieta, la primera gran producción de Hollywood en abordar la historia, aunque las reseñas no fueron muy halagadoras. La película, una épica al estilo de Hollywood, "una de las películas más costosas y ambiciosas jamás producida en México", fue reseñada negativamente en Rotten Tomatoes: *For Greater Glory* finalmente no logra sus objetivos debido a un guión sobrecargado, personajes mal escritos y una dramatización excesivamente simplificada de eventos históricos". Pero la producción marcó un cambio en la actitud hacia la Cristiada, y fue un paso más en el conocimiento de un momento histórico, menospreciado durante tiempo en México, e ignorado en casi todo el mundo.

En 1990 el papa Juan Pablo II visitó México por segunda ocasión, y celebró una misa al aire libre a la que asistieron más de medio millón personas. En ese momento, su acto era técnicamente ilegal. Pero estaba claro que a la mayor parte de México aquello lo tenía sin cuidado. En 1992 se reformaron por fin varios artículos de la constitución mexicana que llevó a la guerra que produjo más de 200 mil bajas: se reconoció personalidad jurídica a las iglesias, y por tanto su derecho a poseer bienes raíces, se otorgó al clero el derecho al voto, se eliminó la prohibición a la existencia de órdenes monásticas, se eliminó la prohibición de que la Iglesia tuviera escuelas, y en ese mismo año se restablecieron relaciones diplomáticas con el Vaticano, rotas desde mediados del siglo XIX. En 2012, el papa Benedicto XVI dio una misa en Silao, el sitio donde se ubica el monumento a Cristo Rey.

Hoy la Iglesia en México opera con mucho menor influencia que en el siglo XX, en medio de un creciente secularismo y controversias, temas que sin embargo parecen ser dominio de los intelectuales y los medios de comunicación, no de millones de personas, que nuevamente volvieron a inundar las calles cuando el papa Francisco I visitó el país en 2016.

El presidente anticlerical Elías Calles, cabe decirlo, también perdió importancia. La mayoría de los mexicanos podría decir apenas que "Plutarco Elías Calles" es el nombre de un presidente de México o de alguna escuela, y para muchos católicos es el nombre de un político intolerante, tan fanático como los cristeros más radicales, que quiso destruir la religión en México. Sin embargo, tampoco resulta justo descalificar al presidente Calles y verlo como la bestia del Apocalipsis o como un dictador despiadado que quiso destruir la libertad. Calles, también, creía en las leyes y actuó guiado en su mayor parte por principios nobles, aunque a veces sus medios no eran los adecuados. Sin duda, se equivocó profundamente respecto al aprecio que tenían sus paisanos por su libertad espiritual.

La más grande ironía la escribió el mismo Calles cuando dejó la presidencia, durante su vejez. Calles murió siendo un hombre muy espiritual, creyente en médiums, fantasmas y sesiones espiritistas. "Mi más grande error", le dijo a un amigo en sus años de exilio en San Diego, fue "haber atacado a la religión católica. Y no haber tomado en cuenta que hasta en la última ranchería de México hay una Virgen de Guadalupe".

Lecturas recomendadas

Bailey, David. *¡Viva Cristo Rey! The Cristero Rebellion and the Church-State Conflict in Mexico.* University of Texas Press, 1974.

Blancarte, Roberto. *La cuestión religiosa y la Constitución de 1917.* Instituto de Investigaciones Jurídicas, UNAM, INEHRM, Senado de la República, México, 2017.

Degollado, Jesús. *Memorias del último general en jefe del ejército cristero.* Editorial Jus, México, 1957.

De la Torre, Luis. *Ecos de la Cristiada*, Consejo Estatal para la Cultura y las Artes, Jalisco, México, 2008.

González, Fernando M. *El callismo espiritista.* Revista de la Universidad de México, enero de 2016. México.

Meyer, Jean. *La Cristiada: The Mexican people's war for religious liberty.* Square One Publishers, 2013.

Meyer, Jean. *The Cristero Rebellion: The Mexican People Between Church and State 1926-1929* (Cambridge Latin American Studies). Cambridge University Press, 2008.

Meyer, Jean (editor). *Las naciones frente al conflicto*

religioso en México. Tusquets Editores, México, 2010.

Ortoll, Servando (2005). *El general cristero Jesús Degollado Guízar y la toma de Manzanillo en 1928.* Signos Históricos, (14),8-41.

Purnell, Jennie. *Popular Movements and State Formation in Revolutionary Mexico: The Agraristas and Cristeros of Michoacán.* Duke University Press Books, 1999.

Ramírez Rancaño, Mario. *El patriarca Pérez: La Iglesia católica apostólica mexicana.* UNAM, Instituto de Investigaciones Sociales. México, 2006.

Young, Julia G. Mexican *Exodus: Emigrants, Exiles, and Refugees of the Cristero War.* Oxford University Press, 2015.

Libros gratuitos por Charles River Editors

Tenemos nuevos títulos disponibles gratuitamente durante casi toda la semana. Para ver cuáles de nuestros títulos se encuentran gratuitos actualmente, haga clic en este enlace.

Libros en descuento por Charles River Editors

Tenemos títulos con un precio reducido de tan solo 99 centavos cada día. Para ver cuáles de nuestros títulos cuestan 99 centavos actualmente, haga clic en este enlace.